PRETÉRITO PERFEITO

POESIA

AUTORA

Cláudia Cassoma

www.claudiacassoma.com

TÍTULO

Pretérito Perfeito

PREFÁCIO

Luefe Khayari

POSFÁCIO

Mário Henriques

IMAGEM DE CAPA

Heduardo Kiesse

COMPOSIÇÃO GRÁFICA

Cláudia Cassoma / Kujikula

REVISÃO & CORRECÇÃO

Mário Henriques

EDITORA

Kujikula

kujikula@gmail.com

ISBN: 9781732665323

1ª Edição — 11 de Novembro de 2017

2ª Edição — 11 de Novembro de 2018

PRETÉRITO PERFEITO

CLÁUDIA CASSOMA

Aos angolanos no exterior de Angola por inspirarem; aos outros, por merecerem; e a todos, por consequentemente, perpetuarem a perfeição do "nosso" pretérito.

PREFÁCIO

Luefe Khayari

Da autora de Amores Que Nunca Vivi, chegou-nos o convite para tecer algumas palavras introdutórias para a sua mais recente obra poética. Tal convite, gerou em nosso âmago, certa apreensão, pois pediu-nos, a autora, que apresentássemos uma leitura singela daquilo que poderá ser então o Pretérito Perfeito. A apreensão surge precisamente pelo facto de o nosso olhar ser ainda pueril no quesito literatura e, certamente, outros com um senso crítico mais apurado cobririam tal tarefa melhor. Porém, foi a nós concedida tal honra, pelo que, mais do que manifestação de entusiasmo, apraz-nos deixar fluir a prece do agradecimento.

A autora da presente obra revela-se-nos como uma senhora de luta, mulher do seu próprio destino, cuja mudança de sociedade a levou a desprender o melhor de si, sendo que, pelo caminho da sua ascensão poética, se cruzou como jurada num concurso com a poetisa americana Holly Bass, abalroou galardões em concursos poéticos de renome, como o prémio de literatura Maria José Maldonado e no concurso artístico Teixeira de Pascoaes, e conquistou, também, espaço em antologias, como a Best New African Poets 2015 Anthology.

No entanto, quiçá buscando mostrar uma analepse da sua trilha poética e, intrinsecamente, da sua vivência, a autora propõe agora este poemário, onde, logo no começo, expressa o seu primeiro amor, ressalvando o sentimento que a une, com nostalgia, à sua pátria-mãe.

Terra que me recebeu
ao cantar desentoado de minha mãe
vida que me concedeu
ao matinar ressumado de meu pai
Angola...

Cassoma fala da terra com desmedido primor envolto em um vasto sentimento de nostalgia e manifesta tal como Maia Ferreira em A Minha Terra, tesouros que ao olhar de outrem soariam ninharias (Angolanidade, Angola Doutro Tempo, Angola que Sei, Recordo a Banda). Sendo assim, mais que de carência, esta obra fala de liberdade, da vontade predominante de esquecer de voar, conhecer o mundo, e voltar a arranhar suspiros prendidos pelos cantos de Cabinda a Cunene e do Atlântico a Leste, que faz de Angola um povo único, diferente dos que encontra noutras paragens.

Como nos ensina Pessoa, a composição de um poema lírico deve ser feita não no momento da emoção, mas no momento da recordação dela. Imbuída desse princípio, Cláudia Cassoma leva-nos a uma viagem inédita no decorrer das suas imensas recordações, onde as emoções que viveu em sua terra, ao longo do seu crescimento, serviram de baluarte para a construção desta obra, o que nos leva a tomá-la como uma espécie de resgate de uma época engolida pelo tempo, não em vão a denominou Pretérito Perfeito.

A explanação semântica das palavras que formam o título desta obra, levar-nos-iam a elaborações exaustivas sobre os tempos verbais, mais especificamente, os do indicativo. É aí, entretanto, numa das suas formas onde há-de se encontrar a ideia consumada nas páginas deste poemário, ora em modo simples, ora em modo composto, pois, nos poemas aqui confinados, Cassoma expressa factos ocorridos num momento anterior ao actual e que se fizeram totalmente terminados, perfeitos (Últimos Setembros, Caminhos, Morro Bento II), ou, por outro lado, factos que tiveram início e se prolongam até hoje (Assoalho da Minha Terra, No Fundo Sinto Saudades); de um modo ou de outro, fala com desmedido pendor nostálgico de trilhas que motivaram a sua metamorfose, reflexos de um passado que não é apenas seu, mas também de quem faz parte da sua ou de alguma geração a si ligada.

> *Estão nas dobras do seu rosto*
> *momentos de um passado só nosso*
> *na despercebência de seus olhos*
> *histórias que não sei como lhes conto...*

Dos recursos intrínsecos à estrutura poética, denotámos, nesta obra, uma destituição total da métrica e pouquíssimo valor à rima, o que é, portanto, compensado, de forma sublime, pelo ritmo. O estilo adoptado por Cassoma faz do ritmo a marca da sua modalidade textual, e oferece-nos uma musicalidade própria que vale para reafirmar o pensamento do poeta Vanguardista, Ezra Pound ao dizer: quando um poema se afasta muito da música, começa a degenerar, o que aqui, certamente, é o caso oposto. Verificámos, então, nos versos do poema Aos Pulos, a presença da aliteração caracterizada pelos fonemas /b/ e /p/ (consoantes oclusivas bilabiais), /c/ e /q/ (consoantes oclusivas velares surdas) e /d/ (consoante oclusiva linguodental), o que para nós, faz uma representação da apoteose poética no quesito acima referido. Ora vejamos:

Quem ficou conta
"já?"
escondida, bica-bidón, salva-a-ova
abre os olhos vai procurar
"cá vou eu!"
escondida, bica-bidón, salva a ova
quietos pulos

joelhos dobrados
dedos dos pés a beijar a bunda

bonecas de papel
mulheres com cabelo deitado
desenhos que faziam o rosto
bonecas de papel...

A saudade é, definitivamente, a bússola da inspiração de Cassoma para esta obra, é com isto que exprime vários sujeitos poéticos fabricados, em sua essência, pela explosão do seu adolescer ao provar o inesquecível gelado de múkua; pelo desabrochar da sua mocidade que a fez reconhecer a sumptuosidade do sabor da Fúmbua de Cabinda, apreciada no Pungo Andongo; ou pela experiência vivida em várias rodas de ponto-de-encontro dos vários grupos sociais, os passos, as passadas, de uma dança que bem caracteriza o seu povo, a Kizomba:

Há aqui quem amestre novatos
quem como eu se põe em cantos
aqui também se sabe os passos
mas não como na banda
onde te abdicam de sentar
bundas não são pra pousar
mas pra levar a girar pela pista
pra dar aos outros bela vista.

Saudade, essa doce palavra de perfis ambíguos, parafraseando Neruda, transporta em si um vigor e abrangência que vivem carcomendo o âmago dos poetas desde os tempos seculares até aos actuais, abastando-os das mais diversas criações. E Cassoma, com infinitas motivações para atestar tal intento, permite que norteie toda a trilha poética da obra e fá-lo, várias vezes, através de um olhar ameninado (Puerícia, Na Era do Pão Burro, Meninos de Angola), reflexo das danças dos petizes em meios às chuvas que não gelam; das bolas feitas de trapos, pelas quais tais petizes viviam correndo sempre atrás; das brincadeiras que inventavam e suas reinvenções com cada descoberta; em suma, lembranças de uma infância tenra com experiências que a meninice a reservou na terra de areias vermelhas que a pariu.

A poesia tem o poder de explorar o universo da imaginação, revelando emoções, contrapondo sentimentos. E é uma das formas de arte que mais apraz revelar nela a nostalgia, saudade, das brincadeiras de infância, dos mimos, dos berros da mãe e dos olhares fervorosos do pai, saudades das brigas com os irmãos de sangue ou da rua... saudades. Saudades aqui bem reveladas, nas esquinas de um canto da cidade que marcou a vivência da autora e que, hoje, não é mais a mesma. Ali, num tempo que se fez pretérito, Cassoma, deixou pedaços de si e que hoje são apenas vistos nos versos que descreve na sua poesia.

nas chuvas do cacimbo
lágrimas por um motivo
no cantar do galo pela matina
meu berro pelo maltratar da sina
pelo chegar rabugento de mais um dia
pedaços de vida

Para findar, apraz-nos afirmar que os poemas aqui apresentados fazem um registo de memoráveis pedaços de um passado intensamente vivenciado no interior das terras que viu Cláudia Cassoma nascer e a fez crescer, espelham o reconhecimento de que aonde quer que vá, sempre terá esse passado como sendo o seu relicário. Assim, representa-o nesta obra, no formato de um verdadeiro elucidário histórico, um roteiro a um Pretérito Perfeito nas terras e vivências de uma Angola inesquecível.

Luanda, 06 de Outubro de 2017

PREÂMBULO
Cláudia Cassoma

Migração, por si, não é uma palavra penosa; não causa sentimento hostil; não fere. Quando nós medimos a possibilidade de reter ou deixar as mesmices; de nos aventurarmos pelos sonhos vendidos nas revistas e até nos fabricados pelas nossas próprias ousadias, não é tristeza que sentimos; não é desespero, pelo contrário. A decadência do estado de espírito acontece quando ela se define com um (e) no começo, sem prenúncio de regresso ou, pior, sem traços de uma decisão pessoal. Deixa de ser o mero querer e não querer das nossas mesmices; o sonho vira pesadelo; o entusiasmo vai; e às vezes, é mesmo desespero. Não obstante a composição da palavra, a verdade é que, de uma ou doutra forma, ela provoca os mesmos sentimentos: ansiedade, deleite, saudade e uma pitada de desafogo—sem contar que também deixa fortes impressões marcadas no pra-sempre do âmago. Eu, como muitos, já vivi a verdade dos vários lados: já fui sabendo que iria voltar, já voltei sem saber se poderia regressar, e até fiquei sem ideia de quando seria o meu retornar. **Pretérito Perfeito** é um acervo desses testemunhos; é uma mirada de trezentos-e-sessenta graus à vida de várias almas dentro e fora dos seus inícios. É o meu próprio júbilo aquando da notícia; é a nostalgia; é também desafogo face as possibilidades—as minhas e as de muitos.

Não nego que vi muitas portas se abrirem; conheci lugares jamais na minha imaginação; subi em palcos feitos pra mim e por mim—não sei se viveria as mesmas verdades ficando imóvel no "**Assoalho da minha terra**". Tão pouco nego a dor; certamente não descarto a realidade de que foi, absolutamente, sem dúvidas, muito penoso; me encheu de sentimentos hostis; e feriu. Eu nem sonho em negar isso. Actualmente, depois de tantos anos, garanto entender os vários lados. E tal como confessam os análogos que conheci pelo caminho; "**Longe**" não é fácil. Mais ainda quando o ficar de tal ir é o que desconhece o instante do seu retornar.

Nunca senti tanta falta de coisas que eram nada. Eu jamais, em toda minha existência, imaginei que morreria por subir em um "**Machimbombo**" — jamais! Nunca considerei "**Gelado de Múkua**" o remédio mais efectivo para as dores do coração. Eu que tão pouco me atrevia a dançar, pus-me "**Em rodas de Kizomba**" só pra alumbrar os "**Retratos**" da minha mente e reviver a vida que deixei. Hoje são essas passadas "**A Saudade que Quero Escrever**".

Pretérito Perfeito tem verdade de qualquer que já deixou o seu início. Mas tem muita angola misturada com a dita terra das oportunidades. Dá pra ver isso no "**Ango-América: de lês a lês**" e em versos doutras confissões. Ele foi feito pra todos, não somente pra reconhecer a nostalgia, mas também pra enaltecer o impacto das primeiras alegrias.

Na voz de um dos professores angolanos que muito admiro, Mário Enriques: *o sujeito poético ora era só mais um ser à flor da idade que transbordava de si os seus sentimentos de saudade por uma Angola, que, embora sob dificuldades consequentes da sua história passada recente, carregava alegria nas brincadeiras de infância.* Vejo tanta verdade que desperto a minha fobia de ser tão bem vista; de parecer tão transparente. Mas, ao fim e ao cabo, não me atrevo a contestar que **Pretérito Perfeito** é precisamente isso. É sim sobre o **"Professor Nsimba"** e a "**Avó Cabica**". É sobre a "**Angola que sei**" e os nossos "**Ignotos**". É sobre os "**Pedaços**" de cada um nesse "**Estirão**" coleado. Nele há vida: minha, tua, nossa, e deles — tem um pouco de todos.

Com tudo isso dito e o que ainda fica por se dizer, permitam-me concluir que, não obstante tenha criado esse bem essencial pra minha própria sanidade, mental e não, hoje, com ansiedade e entusiasmo, partilho com vocês. Aos que me lêem desde então e sempre, dou-vos como um dos retratos mais claros de mim. Aos que chegam, um início, quiçá memorável. Também deixo para os que ainda não conheço. **Pretérito Perfeito** agora fica designado como o elo dos tempos, e também como confluência dos povos. Será pra reflectirmos hoje sobre as histórias de ontem e as que geramos pra amanhã. Mas por favor, também o tomem como "**Lenitivo**" para as ninharias da vida. Das agitações de quase sempre às calmas de eventualmente—tenham-no.

GRATULAÇÃO
Cláudia Cassoma

Pretérito Perfeito é consequência da benevolência de muitos, e isso merece ser gravado na memória. Na minha e na tua. Fala-se por aí da necessidade de uma aldeia inteira pra concretização satisfatória das tarefas mais fundamentais. E apesar de eu não considerar a criação desse livro—o meu segundo—como sendo uma tarefa, não nego que o processo é trabalhoso. Da confusão das minhas ideias ao teu folhear, a caminho é longo. É sobe os que me ajudaram a chegar até aqui que falarei nas próximas linhas.

Ao **Criador**, a minha gratidão sempre será infinda.

Aos culpados pela nostalgia do presente, os meus santos **pais**—meus pilares e consciência—o mais profundo dos meus agradecimentos por abrirem o caminho que deu à inspiração imortalizada nas linhas dessa branda confissão.

A todos os personagens do meu pretérito, aos que o fizeram perfeito, e também aos que não; aos que ficaram por um tempo, e aos que até hoje são: um sorriso alargado com entusiasmo, em especial, aos eternizados nessas folhas.

Estou bastante agradecida pelo incomensurável e eupático apoio da **Tia Fátima** e da **Avó Filipa**; que me abraçaram desde o início; e em seus colos amenizaram a minha saudade. E mais, sem as duas, o "**Nhenda**" não seria.

A minha gratidão também se estende a Embaixada de Angola em Washington D.C., Estados Unidos da América, na pessoa do Sr. Embaixador **Agostinho Tavares** e da Terceira Secretária para Assuntos Políticos, Dona **Margarida Gaspar**—diplomatas excepcionais que muito mais fizeram do que falaram. Agradeço por acreditarem em mim, pelo apoio desmedido que me outorgaram, e por me incluírem no seus planos de promoção da cultura angolana.

Heduardo Kiesse, artista singular, criador de raras poemografias—poesias em movimento—que publica em seus endereços eletrónicos, como **Paradoxos**. Ele recebeu de boa vontade e sem rodeios, da sua maior fã—eu— o pedido pra criar a aparência exterior desta obra. O resultado vocês vêem. Está incontestavelmente formidável. Ao **Mário Henriques** e ao **Luefe Khayari**, gratidão por todo o tempo dedicado, o conhecimento investido, e o indubitável desvelo aplicado na apresentação desse manual.

A **todos** que investiram, de uma ou doutra forma, na execução desse projecto, (porque já sabem, foi mesmo necessário uma aldeia inteira) ainda que sem menção nesse memorial, peço encarecidamente que creiam na relevância de cada uma das vossas contribuições. Eu as conheço; eu as aceito e valorizo com a mesma força com que faço a poesia.

Maryland, 2017

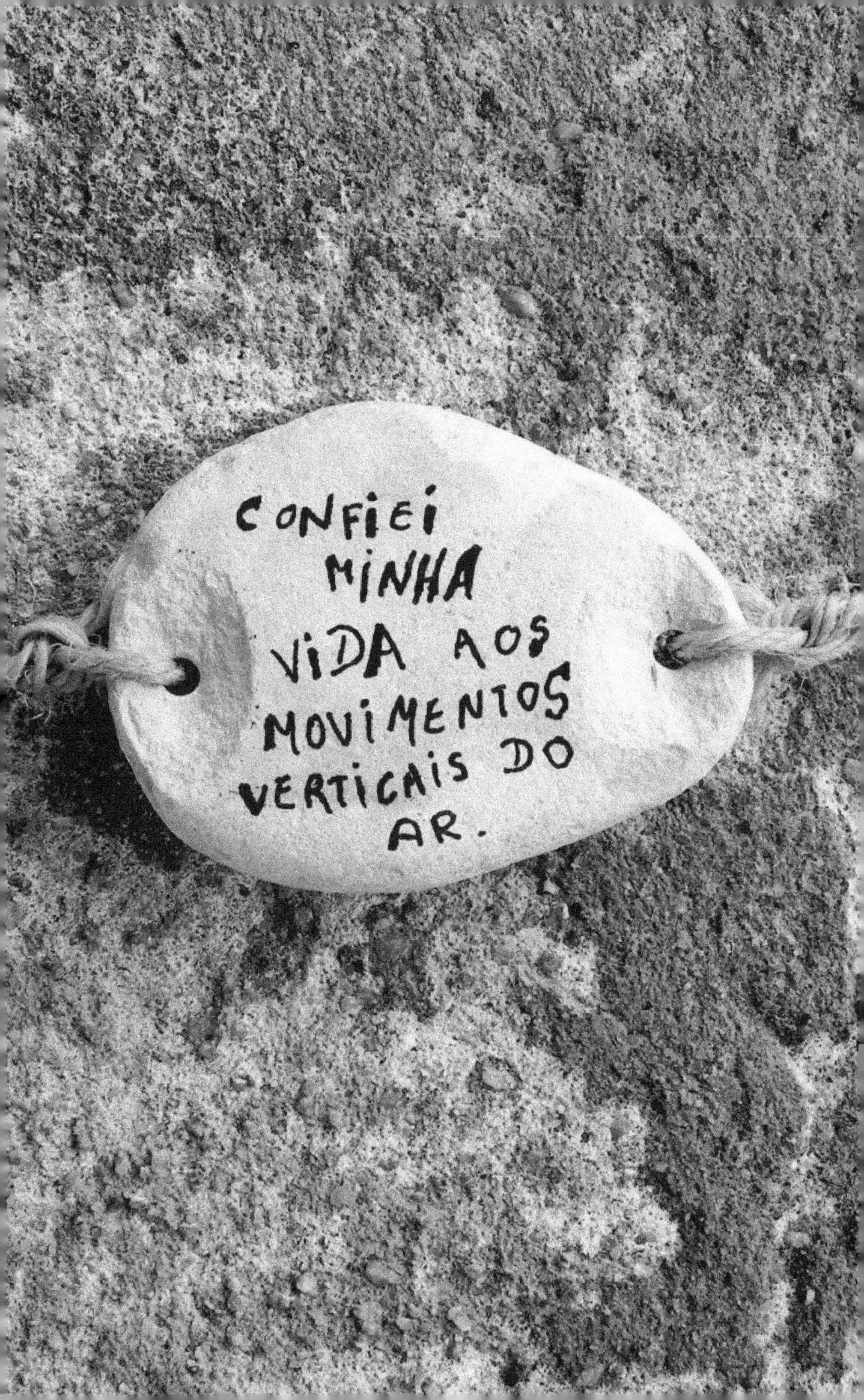
CONFIEI
MINHA
VIDA AOS
MOVIMENTOS
VERTICAIS DO
AR.

À **Angola Doutro Tempo**,
meu **Lenitivo**.

ANGOLA DOUTRO TEMPO

terra que me recebeu
ao cantar desentoado da minha mãe
vida que me concedeu
ao matinar ressumado do meu pai

Angola...
onde vagueei minha inteira mocidade

Luanda foi mais minha cidade
fiz amigos
conheci caminhos
Benguela várias vezes me afogou
nas águas morenas de si
boa Fúmbua de Cabinda comi
entre as pedras negras do Pungo Andongo

foi mesmo em Angola
nas calmas cidades do Lubango
onde vi meu coração ser roubado
desnorteado por um cigano

Huambo boa música me ofertou
Kota Handanga e não só
poesia nunca faltou
veio do Golungo Alto; António Jacinto

essa Angola doutro tempo
do meu tempo
onde nada significava minha nueza
pois eu podia

grandes relíquias
de reis e rainhas
ao combatente poeta
mulher sabida esbelta
moça linda tinha rija ndemba
kuijila importava
moço torto não havia
não naquela era
dançava-se diferente, mas sempre igual
sapateando ou rebolando
celebrava-se a vida

Moxico me sabia alegrar
com beleza natural
Namibe não era diferente
Welwitschia; praia das miragens

não sei atordoar meu joelho
não com dança nem cerveja
mas Kuduro não me envergonha
é da minha terra

Angola...
terra que precisei deixar
pra entender meu amar
terra que nada mudou
antes o fiz para a melhor apreciar

MENINOS DE ANGOLA

pranteiam corpos barrigudos
por areias espessas
vão à vida como se já não houvesse amanhã
suas alegrias são pneus em pé
por paus nos bidons vazios
são latas de salsicha como carro
arcos que os levam às corridas
descrêem nos sinais dos fins dos tempos
em calções macróbios
vão por campos de quatro vezes mil metros
miúdos duros
banhados nas areias vermelha
da terra que lhes pariu
debaixo do sol que um dia lhes vestiu
vão apressados a qualquer felicidade
abraçam a tenra idade

meninos de Angola

se fazem homens e entregam as raízes
calçam sapatos de cegar
vão em ares que jamais lhes vão amar
esquecem rolhas decoradas
em caixas de cantos rasos
desdenham bombó frito

vão sem piedade
como se finalmente estivessem livres
vão apressados
vão secos
vão certos

meninos de Angola

ASSOALHO DA MINHA TERRA

nos pós avermelhados
sobre negras cassumunas
pegadas de homens desnudos
marcas de diferidas alegrias
                    nas cascas crocantes do salalé
                        vida que já não se vê
                    manchas daquele cabaré
                    moço feio que queria me ter
nos buracos das estradas recentes
carros ferozes como em moça antes virgem
vão em corpos luzentes
desafiando quem por trás vem
                    nas fortes correntes da Ilha de Luanda
                        promessas de um velho amor
                    confundidas entre as muitas águas
                        gotas quentes de dor
no sopro violento de cacimbo
apertos de uma noite acompanhada
lembranças tatuadas pelo corpo
vestígios de uma boa kizombada
                        nos céus abafados
                        conversas de um dia
                        mancebos mal-falados
                        cantares de uma amiga

do escuro à fogueira
contos de velha era
senhores orgulhosos abraçados à vida
jovens curiosos, saber como saída

no saltar pávido do gafanhoto
sobre o calor do cafucufuco
partes d'uma infância bem alegre
prova de que jamais será presente

coisas no chão da minha terra
vida que me definia
então marcas
museu dos meus dias

MACHIMBOMBO

do hoje dissemelhante
    viagens longas
    linhas desfeitas
    luzes vezes apagadas
    vezes atrasadas
    acentos não como estes
    sem cor
    causavam dor
    pessoas em cantos
    lugar de dois sentavam quatro
    era duro
diferente dali
    andasse por entre as alas
    sem ser mal-banhado
    sem vestir o rosto de agonia
percebem aqui
    em bengalas não se fica de pé
    não mantém conforto
    quem mais velho vê
    sinais são ouvidos
    não pode ser por capricho
do hoje dissemelhante
    pessoas vivas
    encaravam ao desrespeitar
    não traziam bloqueios aos ouvidos

não aqui
    onde vivem distante
    amarram os dentes
de forma inigualável
    andavam nos restos dos dias alheios
    sacos, papéis, havia de tudo
aqui quem dorme não é suave
    nesses bancos
    conforto que rouba a realidade
não pelas minhas bandas
    onde se não olhas já eras

GELADO DE MÚKUA

na geladeira abarrotada
ao pé da carne fresca
em sacos plásticos
ou canecas com pega
água morna acastanhada
conservada há dias
em caixas térmicas
entrouxados numa área da pracinha
Gelado de Múkua
carimbo angolano
nas mãos de todos
até nos dias mais frios
em paus magros
sacos decorados
vai pela cidade
levado por homens ambulantes
nos bairros sem asfaltos
ainda em baldes
senhoras em panos
nas mãos o mexarico
mesclam o refresco por vir
Gelado de Múkua
dos lábios pequenos dos miúdos
às mãos dos altos moços
preparado sem gelar

fácil de incestar
na mesa até de quem champanhe pode tomar
apenas múkua

Gelado de Múkua

EM RODAS DE KIZOMBA

aqui também há corpos leves
               corpos magros e outros
               corpos que aceitam ser levados
               pernas entregues ao rítmo
                              à dança
estão aqui
          no frio dos lugares fechados
quando lá se transpira no arejado
          fazem-se loucuras de pés descalços
nas poucas noites desse lugar
          um ou outro sabe oscilar
quando em Angola ninguém consegue parar
                    desvestem a noite
                    abraçam o dia
                    e vão até não mais poder
ali dançam miúdos
    dançam senhores
                    em roupas curtas; em roupas longas
                    em saltos altos; sandalhas pequenas
                    levam os corpos a conhecer melodias
                    a viajar por histórias em vozes estranhas

há aqui quem amestre novatos
há   quem se põe em cantos
    aqui também se sabe os passos

mas não como na banda
    onde te abdicam de sentar
    bundas não são pra pousar
    antes, pra levar a girar pela pista
    pra dar aos outros bela vista

aqui alinham os corpos e vão em quadrados

lá, até em pó pousa-se radio
    os corpos bailam desmazelados
    as mãos dos homens não sabem regras
    na pista, ninguém é de ninguém
    é bem cuidado quem vem
aqui assistem as unhas dos pés
    têm os olhos a evitar incúria
            de onde venho nascem a saber
            vêm do ventre a soletrar o Cunha
            cada inadvertência é mais um passo

        perna entre pernas
        braços no ar
        o interpretar é de invejar
        o sorriso descansado que carregam
        a leveza com que expõem as veias
        é alucinar pra quem não sabe
        um ir agradável de breve volta
        é Kizomba

POR BECOS IGNOTOS

miúdos pançudos
entregues aos dias quentes
em fácil expôr dos seus dentes
jantes que eram brinquedos
à vida, plenamente imperturbados

poetisas ambulantes
recitavam o que traziam à cabeça
enquanto sugadas pelos pousados à esquerda
os que lhes faziam não desistir
os que ao dentar lhes faziam sorrir

moços perdidos
embrulhados em amor de só dois acreditar
beijos furtados por janelas gradeadas
olhares de berrante brilhar
passado em que encarar já era amar

tempo seco

família que se fazia ao vizinhar
tios que já tinham filhos
filhos que não sabiam tios
pretérito

meninos branqueados
em cadernos de folhas cansadas
escreviam sonhos
no lápis de ponta fina traziam persistência
na magia do vibrar dos sinos, alegria
período quimérico

por becos ignotos
por tempos d'ontem
em outros ventos
em velhas passagens...

verídicos enredos

ANGO-AMÉRICA: DE LÊS A LÊS

esse Norte banha as suas terras
com águas do pequeno rio Missouri
                    naquele estão as coisas do Zaire
ao sul belezas de Luisiana
              em Angola a Barragem do Calueque,
                    lugar que virá matar sede
aqui se desfruta tanto do pacífico
quanto do atlântico
                    lá um basta, não se reclama
              aquele país cumprimenta a Zâmbia
                    sabe da Namíbia
das terras onde ar se empresta
Canadá e México estão por perto
        mas não têm idioma de intimidade
              danças que lhes leve ao apego
                    não como ali
nesse centro saciam a fome
com salada de batata tingida com caril
              no Bié dão pirão de milho,
                    peixe do rio, e feijão
        com as mãos em pratos plásticos
                    manducam facilmente
                    viajam por contos
        param em risadas a cada garfada
enquanto que aqui

num segundo se lançam à jornada
                    não sabem da quissangua refrescante
                                        de Malanje
ingerem líquidos de garrafas
aqui guardam as estradas
enquanto vão pelos ares
                        de Cabinda ao Cunene
            vão pelas vias desfeitas e sorriem a cada pulo
aqui também amam indígenas
                                mas será ali mesmo
                    a sepultura dos meus tempos

LONGE

longe do barulho
longe de Julho
longe do calor
longe do ardor

longe da poeira
longe da fogueira
longe da canseira
longe da bandeira

longe do Kadú
longe do amor
longe da dor
longe do boo

longe dos amigos
longe dos vizinhos
longe da família
longe da vida

longe da música
longe da paz
longe do sorriso
longe de tudo

longe ainda.

LENITIVO

oh! como suspiro os meus tempos
     meus bons tempos
vivo nostálgica pelas ausentes alegrias
      minhas puras alegrias
sento-me na calçada banhada de neve
e os deixo cair em mim
momentos de um tempo   pretérito
     tempo totalmente perfeito
imagino ser ensopada pelos ventos
     meus velhos ventos
oh! como almejo chuvas que não gelam
raios que não queimam
abanco beira-mar
como se fossem só minutos
como se estivesse perto da kubata
fecho os olhos e vou expirar
deslizo pelas areias
como se fossem finas
como se lá também tivessem flores
no escuro dos meus olhos, visões apuradas
     visões daquele tempo
lamento a vida
entre a vida que tive e a que anseio
me lanço no desamparo das coisas pequenas
e em lembranças me estabeleço

TANQUE DE CIMENTO

motores desfazem meus dias
dos trapos que trago
máquinas de tamanhos a escolher
lidam com meus tecidos de modo delicado
não preciso maltratar meus dedos
sobre as grossas rugas do tanque de cimento
não é necessário vergar meu tronco
hoje calções já não ponho no chão
não piso, não salto sobre eles
sobre as vestes dos dias difíceis
linho, branco; sem razões pra marinar
o girar se faz lento pra não machucar
actualmente é assim
                é só controlar
hoje não lavo o meu quintal com águas do sobrar
vão pra onde ainda lhes podem purificar
não mais adio meu banho
com o esfregar como culpado
barras de sabão
pacotes d'omo
coisas que já não tenho
detersivos rescendem melhor que perfumes
são coisas pequenas que ficam pra muito
me deixam desfilar em aromas de agradar
hoje já não sei lavar entre os dedos

enxaguar, repassar, passar
não sei dessas coisas
ponho nestes monstros criados por homens
                                    e me deixo repousar

RECORDO A BANDA

relembro os palcos de miúdo
do Rocha Pinto ao Morro Bento
e os capins desgrenhados do Benfica
lugares onde jogava a bola
cantos em que vestia pureza

evoco a exuberância da sua fauna
meu cáo Viana
as casas de pau-a-pique
tudo ainda num instante
constante

em claro ainda sonho com os cânticos
canções que me viram crescer
sons ainda inteiros
hinos que traziam o amanhecer
conheço bem tais notas

nem pouco mudou
em minhas lembranças tal como se entregou
 a terra que me espera
sei dela da mesma forma

Recordo a Banda
Recordo Angola

AOS PULOS

do meu quintal
às muitas ruas de Luanda
sozinha
ou com terceiros

com as pontas amarradas
árvores, cadeiras, portas, janelas
mete-e-tira
dos pés da menina
ao pescoço dela
mete-e-tira

altos pulos

choca as palmas
dança as pernas
zero
delonga o saltar
põe-te a cantar
zero

loucos pulos

quatro cantos ocultos
duas pessoas nos polos

trinta-e-cinco
às corridas
enquanto a bola se esquiva
trinta-e-cinco

tortos pulos

quem ficou conta
"já?"
escondida-bica bidon-salva a ova
abre os olhos vai procurar
"cá vou eu!"
escondida-bica bidon-salva a ova

quietos pulos

beijinhos, mãos e olhares salientes
nada de encurtar o tempo
verdade ou consequência
sorrisos assanhados
toques tímidos
verdade ou consequência

contentes pulos

país, comida, cantor, actor
ganha quem termina primeiro

stop
muito se aprende
brincadeira alegre
stop

súbitos pulos

no carro da escola
no pátio
anedotas
na mesa com os pais
momentos que jamais
anedotas

ridentes pulos

do meu quintal
às muitas ruas de Luanda
sozinha
ou com amigos

aos pulos

FLOR-DE-VIÚVA

faz falta o azul e branco
      a forma como encurtavam as ruas
      os calos pelo chão duro
      as festas que nunca terminavam
      os bilos que amizades solidificavam
faz falta tudo isso
tenho saudades do paludismo
               não do mal
                    dos mimos
saudades dos baldes d'água que carreguei
      como afundavam o meu pescoço
saudades do cansaço
      dos amigos
      dos tempos de menino
saudades dos bidons que saía a bicar
      da terra vermelha
suspiro aquela alegria
      o cheiro do petróleo no começar das noites
      o candeeiro que não precisava dois amores
saudades do calor
      da esteira que estendíamos no quintal
               pra fugir o ardor
      o vento que nos visitava
      a forma agitada como nos roçava
saudades do volume alto que podia chegar

do rádio que a ninguém incomodava
saudades da fuba em quilo
do peixe que fazíamos a vapor
tomate que comprávamos no Catambor
dos olhares da mãe
das atitudes do pai
me acabam as saudades
saudades das lutas com o irmão
das filas do pão
saudades do que é meu
do sangue que a vida me deu

MORRO BENTO II

me conheceu quando andava de cuecas
                quando em casa ainda eram velas
miúda que mal sabia cruzar os pés
na areia vermelha em saltos aprendeu a desfilar
árvores não se podiam contar
davam-nos sombras que eram de sobrar
Morro Bento já foi bom
                já teve outro tom
naquele tempo de três casas só
o pó que de dia me lavou
o bom vento que de noite me tapou
lá comi meu primeiro mufete
lá tinha boa gente
                gente que evitava confusão
                gente que trabalhava no salão
faz falta aquele lugar
                o que me foi naquele tempo
                o quintal que fazia doer a coluna
                a mandioca lá enraizada
Morro Bento bonito era
recordo avó Maria, velha que fervia
aquilo brilhava por conta dela
deixo correr lágrimas ao pensar
avó Maria
abraçada à vassoura de palitos

massageando o chão, deixando riscos
gostava mesmo daquilo
do Morro Bento d'altura
dos miúdos que pulavam os muros da clínica
dentro a fora com sacos abarrotados
maravilha era ter três árvores daquelas
outras também
cajueiro, mamoeiro, figueira, goiabeira
minha casa já foi bela
sem água, mas tinha relva
aquele bairro já deu gosto
hoje partiram o repuxo
                    e pousaram lá uma casa amarela
dizem ser porta-moedas
mas naquele tempo cada um tinha a sua lata
asfaltaram aquela rua, está uma desgraça
naquele tempo a pracinha nos bastava
já não há poeira, mas fechou a padaria
a rua da igreja ficou estreita
morreu avó Maria
já são mil casas
as moças que lutavam pelo meu tio
                    já estão casadas
Morro Bento agora é frio
discotecas por tudo quanto é canto
já não se sabe tomar caldo
a caixa térmica entre os mais velhos

já não está
nem a árvore, nem nada
é portão pra quem quer viajar
Morro Bento hoje é um bocado
frente a minha casa já há chão duro
já ninguém come pão burro
está apertado
meu bairro está acabado
agora é só um

LONGAS TARDES NO LUPANGO

o cantar desafinado do cabrito
aclamava mais um daqueles momentos
na perversa risada do primo
antecipação do enlevo dos bojos

tias e primas
espalhavam o odor de suas cavernas
em panos com mijos alheios
enquanto lavavam os pepinos

já se levavam aos momentos de olhos trancados
antes mesmo do espreitar do segundo astro
entre as baixas paredes da estirpe

das longas tardes no lupango
histórias só de narrar
selo de uma conta a jamais reembolsar

PUERÍCIA

não corri desnuda pelo monte de areia
em minha cabeça, pelo menos uma trança
minha infância
não tive tudo em todo tempo
vezes houve em que precisei me sentar
mas já sabia
não podia tentar quando nos fossem visitar
mamã se vestia daquele olhar
lembro-me da boneca que me deu o papá
da cabeça de plástico, o corpo de pano
                    o dia em que a perdi
                    o dia em que a encontrei
lembro-me dos anos sem ela
meus dias de miúda
não deixei meus brinquedos espalhados
não pelo chão
lembro-me dos passeios aos fins-de-semana
do vestido às riscas em que me pós a mamã
o gelado na camisa do papá
sei ainda daquela feira
da roda gigante que lá havia
era mesmo popular
nos fez até cantar
minha infância
perdi a lancheira em mil-novecentos-e-tal

minha lancheira lilás, custa acreditar
pus-me em cirurgia por desejar tudo limpo
mamã foi um mimo
deitei-me no colo do papá com os dedos a sugar
aquele colo foi sempre bom
tive festas, fui em festas
voei, conheci lugares, fiz coisas
bebi quissangua, comi cachupa
dormi fora de casa
boa foi minha infância
      minha
            puerícia

WANDI GUIDOM

era genuíno
lábios do pai pequeno
"Guidom, não põe ainda batom"
não lhe era flagelo a epiderme
era costumário estar alegre
na sua magreza
gordura era indulgência
"vais fazer grandes coisas"
soava bem
dos lábios ainda claros
hoje coisa assim já não vem
boca fechada não também
"Wandi Guidom"
não mais sabe o que diz
exaspero!
antes olhos largos e brilhosos
hoje poço seco
fundo
"divirta-te mais, não seja tímida"
falava alguma coisa
tinha voz
actualmente carece bom eco
"Wandi Guidom"
já não sabe
se por escolha ou pela vida

não perguntes
não sei
era paizinho
como lhe faziam as crenças
hoje nem o último sopro do vento que me beija
mensagem alguma tem
entre nós algo como asco
"Wandi Guidom"
passado
época em que nos pertencíamos

RETRATOS

desconheço a intensidade da minha mucosidade
                              meu jeito antigo de chorar
se corria com os braços a dançar
        ou com os pés descompassados
se sorria quando me fossem abraçar
        ou se me levava aos cantos
desconheço a constância dos momentos de gracejo
                comichão no meu bojo
não há folhas que me mostrem
        folhas que na sua suavidade
descrevem os espinhos no meu rosto
                a dureza do meu cabelo
                a rigidez do meu tronco
não sei da minha primeira cicatriz
em que fui aprendiz
nas grossas mãos de hoje
        nem só um retrato
                        que fale de mim
                        que perpetue meus dias
                        que me abstenha de acabar assim
estranho as curvas que me definem
nada sei da moldura do esqueleto dessa vida
estão ausentes as impressões
imagens que justifiquem o presente
um ontem pra cada parte do agora

fotografias
pedaços de história
amostras
retratos reflexo

ÁRVORES NO QUINTAL

cansaço no luando
sombra que atrofiava o tempo
vezes corpo deitado
outras em pé ou sentado
bundas em grades vazias
no quintal das alegrias
mesa cujos blocos eram pernas
jogo de cartas na ausência da velha
boas conversas ao avistá-la à porta
sob as árvores do quintal
momentos até de avental
panelas negras entre as pernas da prima
branca ou amarela
desde que fosse farinha
funji sairia
tudo preparado pra farra
entre as árvores do meu quintal
mangueira ao pé da janela
ao tecto ascensor
bela forma de apreciar o arredor
cajueiro que guardava o gerador
infecundo. era sua única dor
lhe caíam as velhas folhas
mas nem o nascer das mais verdes
deixava conhecer seu sabor

madeira, pneu
o que desse pra maguelar
nas árvores do quintal
colchão sem adorno
manta sem ser cacimbo
no centro a figueira
goiabeira ao lado
chá que não era de comprar
das árvores do quintal
minha mãe até de calças
meu pai, kuduro e outras danças
isso e coisas que já não sei
pelos cantos do quintal
jindungo, santa maria e não só
alegria em claro tom
entre as árvores no quintal

CAPRACINHA

jamais de cuecas
mamá não deixava
de pés calçados
entregue aos ventos
miúda linda
puxinhos que eram tudo
"bom dia, Tia Maria"
se fazia à curva
cedo não era petróleo
então seguia viagem
Tia Bebé pelo caminho
amigos do irmão
miúdos que não conhecia
de bancada a bancada
enchia a sacola
do mercado não saía
sem gelado de múkua
"é você minha filha?!
leva um d'esquebra."
passava do outro lado da rua
Tia Bula, Mana Rosa
vizinhos da casa amarela
"aqui está, mamá"
sorria se não tivessem assaltado
se chegasse sem o saco ter rasgado

nunca com maquilhagem
mamá não ensinou a usar
mocinha com curvas
torcendo olhares
inspirando cantares
saia comprida
com a bunda a dançar
mesmo com lenço
moços a piscar
dessa vez já sem lista
de cor já sabia
"como está, Tia Maria?"
notava-se sapiência no sorriso
já falava com o mocinho
ajudava o sempre espancado menino
tomate maduro, quiabo, jimboa
aprendeu a escolher coisa boa
gelado de múkua e outras guloseimas
já sabia variar
já não era apenas pousar
arrumar e cozinhar
fazer funji pro papá
arroz pra quem não sabia apreciar
de casa a capracinha
da capracinha até chegar

SARAU NO QUINTAL

juntavam-se as primas mais cedo

...

Rebeca fazia o funji

...

Cecília fermentava o trigo

...

ninguém fazia melhor pudim

...

no berro do pobre cabrito

...

gargalhadas do Adão

...

fotos tiradas por Pedrito

...

todos no amanho do serão

...

no enervar do sol, os kotas se faziam à rua

...

já se ouviam os miúdos lá do fundo

...

vinham a correr em trajes limpos

...

beijavam os rostos suados das duas tias

...

abraçavam os corpos cansados dos tios

...

iam pelos cantos do ainda largo quintal

...

ao nos cobrir a noite já estávamos prontas

...

ninguém mais exalava galinha marinada

...

primos bonitos sabiam dançar

...

tinham as mãos em nossas curvas

...

em ziguezagues nos levavam a kizombar

...

nossos dias

...

momentos em que éramos família

TECTO FURADO

vivi minhas mortes de forma feliz
vezes cedo
vezes com o candeeiro já sem rastilho

tempos poucos
sonhos nulos

do tecto furado assistia o chegar do novo dia
mergulhava na urina da despreocupação
estendia-me no duro que era o colchão

me desfazia dos devaneios
antes de despertar
levantava para novo romance
outro pôr-do-sol que me beijasse

dois, três furos; desconheço
poemas que passaram pelo tecto
passado tempo
punha-me num dos cantos secos

contemplava o verdadeiro azul do céu
pela ausência dos parafusos

tecto furado

lençol molhado
noites sem tremer o corpo
escuro não era medo
só olhava para o tecto
e dormia sossegado

INCÓGNITOS

a respeito do que passo
ninguém sabe
sobre as dores que carrego
ninguém percebe
ninguém
ninguém senão os velhos que assentam
as bundas nas cadeiras que se amarelam
estes mesmo que vendem histórias aos pedestres
ninguém mais sabe
ninguém
ninguém senão os esquilos
que se agitam ao me ver passar
os pássaros que buscam outros horizontes
ao descobrirem que partilhamos o mesmo
das lágrimas que deito
ninguém sabe
no tocante ao meu fracasso
ninguém se fez conhecer
ninguém
ninguém senão as chuvas que lavam meu rosto
o vento que o amolenta
ninguém mais sabe
ninguém senão as plantas que rego
e as flores que faço crescer
ninguém senão os bancos dessa rua

ninguém mais
ninguém
das lutas na minha cabeça
ninguém faz ideia
quão agitados os pensamentos
ninguém sabe
ninguém
ninguém senão as mulheres e seus homens
corpos cansados que ocupam os passeios
das minhas madrugadas
ninguém senão as senhoras que aguam
suas relvas no proceder das chuvas
ninguém senão o sol que a todo o custo me seca
sobre o emagrecer apressurado do meu corpo
ninguém poderá falar
ninguém
ninguém senão as rachaduras nas calçadas
pelo pesar do cadáver que levo a desfilar
ninguém senão a alvura do meu refrigerador
a mesma que o veste há tempos
ninguém sabe a meu respeito
ninguém
ninguém senão os carros interpelados
pelo vermelho no semáforo daquela rua
ninguém mesmo
ninguém senão as linhas brancas
em que me deixam passar

ninguém mais sabe
sobre o enxugar das minhas dores
ninguém percebe
ninguém senão as músicas
que repercutem em meus ouvidos
ninguém sabe
das vezes que adiantei meu alvo
e as tais em que deixei de me importar
ninguém mais sabe
ninguém senão linhas e pontas
ninguém mais
ninguém

ÚLTIMOS SETEMBROS

na cidade em que vivi
meus setembros eram assim
        cheios de pudim
        bolos e velas pra mim
.primavera.
      .longas mesas.
        .guloseimas.
             .família e amigos.

na cidade em que vivi
        não aqui
         aqui, onde vivo assim
soubesse então antecipar
    tal pretérito iria aproveitar
desvendasse prematuramente tal verdade
    até aos falsos lhes faria boa realidade
soubesse desfrutar então
          hoje não nublava minha visão
dos últimos setembros a euforia
           me seria presente energia

CAMINHOS

passei por partículas de águas finas
confiei minha vida
                aos movimentos verticais do ar
livrei-me do nadar

soubesse pra que era
deixava assim

antecipasse isso
ficava ali

distante dos machimbombos
em que se pode descansar
noites apropriadas pra sonhar
conhecesse já esses dias
me mantinha naquelas alegrias
me escondia nas rodas de dança
nas bancadas das várias praças

passei por raios que me venderam

com seu estrondo
pra longe me cuspiram

tivesse idéia pra que era

rejeitaria novos trapos
estivessem em meus olhos os cristais de gelo
nem chegaria perto

trocaria até a era das plantas
pelas chuvas de Abril
seria mesmo imbecil

passei por pessoas que berravam
ao lançarem o fumo dos cigarros que os arrefecia
passei por homens
cujo café era o que lhes alertava
enquanto a mim ainda era minha mãe
passei por corpos cansados

lhes visse então
lhes pedia conselhos

soubesse já da solidão do inverno
jamais venderia meu tempo seco

ficaria por lá
andaria com as mesmas pessoas
comeria as mesmas coisas
apenas seria
isso se me despertasse de antemão

MORRI HÁ TRÊS ANOS

deram-me tempo pra fazer as malas
sentei-me enquanto assistia o passar das horas
desconhecia a veracidade do carregar dos olhos
                                    o tremer dos lábios
morri há três anos
falamos todos sobre isso
falamos várias vezes
deram-me tempo pra alertar os amigos
celebrei, provei vinhos
ignorei a cova em que entrava
separei os longos vestidos dos curtos
doei aos que andavam com as bundas sujas
mas não sabia
desconhecia o frio em que ia
morri então
vendi minha vida
meus sapatos, meus brinquedos
minha própria janela
há três anos estava ainda viva
deram-me tempo pra selecionar momentos
de todos, o melhor pretérito
assistiram meus dentes enquanto sorriam
graças que já não eram
viram-me a entrar e nada fizeram
há três anos ainda era eu

não me tinha posto a voar
a coluna não doía tanto
a cabeça tinha seu vazio
mas isto antes de ter morrido
morri há três anos
lembro-me porque lá não era inverno
deram-me tempo pra viver
mas não foi suficiente, agora vejo

                    agora que estou morto

NA ERA DO PÃO BURRO

meu pai se jogava à aurora
nas poucas luzes do estrear do dia
entrajado em mangas que lhe veriam sufocar
desfazia-se dos sapatos
desfilava pelos grãos de areia vermelha
emagrecendo a cada milha
ressumando calores que seriam nossas gorduras
percorria grandes distâncias
ia colhendo pedaços de vida
dizia estar feliz
não era tudo mas vivia seguro

amarrando os grossos cabelos
acudindo-lhes dos vários ventos
minha mãe se entregava à vida
assistia seu pescoço encolher
pelo pesado balde que não podia aterrar
 pão, cana, kissangua
cantava pelas ruas em que se dava a passar
mamã não chorava os amarrões da vida

ia amamentando os miúdos
que sem advertir se faziam às suas entranhas
dizia ser tudo
        não haver melhor mundo

ao trazer o dia a noite
chegavam e éramos então família
tal pouco era muito

                    ... na era do páo burro

CARQUILHA

estão nas dobras do seu rosto
momentos de um passado só nosso
na despercebência dos seus olhos
histórias que não sei como lhes conto
nas palavras vagas
do despertar dos seus dentes
estão instâncias que já não saem como antes
no cansaço do seu corpo
corridas de folia nossa
nas juntas do seu colo
noites que me foram aí
estão nas calmas correntes dos peitos abatidos
começo da estirpe que me fez
estão ainda nessas pontas murchas
restos do leite que nunca provei
no rosto, parte da parte que ganhei
beleza de pasmar
das visitas até hoje por dar
das músicas que não chegamos a dançar
lembranças que não pude criar
carquilha
linhas mudas de histórias nossas
capítulos por viver
episódios por ver
na inocência em que lhe pôs a loucura

razões por que meu corpo já não verga
no tempo pelas vendas que lhe pôs a vida
justificação da minha ira

BOLACHA GULOSO

desconheço as cores dos seus embrulhos
embora a minha ânsia ainda soletre
           o brilho dos seus olhos
           a folia do correr dos meus pés
das suas mais entoadas canções
a alvura do seu sorriso
           cambiada pelo empalecer dos seus dentes
mas nada pra desfazer a sua doçura
Bolacha Guloso
desconheço momentos em que falamos
estou pra recordar conselhos
mas não esqueço a quentura dos seus abraços
           o jeito como me garantiam conforto
melhor coisa do mundo
sentava minha bunda distante dos seus joelhos
era descanso o seu peito
havia consolar em sua palma
Bolacha Guloso
em memória, nada de músicas pra dormir
cafuné me fazia ir
não sei de momentos em que leu livros
mas meus cabelos sabem do dançar dos seus dedos
contam coisas belas as celhas dos meus olhos
sabem dos estalidos das unhas daquela mulher
melhor música que cheguei a conhecer

davam-se ao descanso sem preocupação
todo o mundo era aquele momento
rejeitavam cepticismo
adormeciam quietas
                    como se ninguém as viesse puxar
isso sabem minhas pestanas
do enfeitiçar prazeroso das suas mãos

MÃOS DE FADA

já as tinha ao me aleitar
segurava a bomba e me deixava sugar
creio que sorria
                    ao assistir o lento cair de meus olhos
calmamente me entregava aos sonhos
chocava-as em minha bunda
                    ao me distraírem as lâmpadas
dedos desenvernizados
mãos de mulher conhecida
                    respeitada
                    com potência
mãos de fada
fizeram-me saber bem a cachupa
cansou-as ao dançar o pau-de-funji na quissangua
cuidou do jardim da nossa casa
plantas só cresciam ao pé dela
pegava o balde d'água com paixão
com calma punha-o no chão
aos sábados bolo
e elas, tão bem, partiam o ovo
levantava-se à aurora
e ia à Camuxiba
do bom mufete já se sabia
o segredo era o tempo
                    era o alho

era o jindungo
na verdade, não sei
           sei que era perfeito
mãos de fada
mulher pesada
seu pegar deixava marcas
as tenho desde que nos conhecemos
e mesmo com os ventos
sei delas

mãos de fada

AVÓ CABICA

foi a primeira a me ver
antes mesmo da minha mãe
olhou-me nos largos olhos

penso ter sorrido
imagino
talvez olhos húmidos
não sei

assistiu meu primeiro berro
conheceu as terras desocupadas
dos meus dentes

antecipou o chegar do meu sorriso
assumo
discursou, abençoou
não sei

foi meu primeiro abraço

antes mesmo do meu pai
cuidou de mim
        sem comissões
        sem batas ou talões
preparou-se para me conhecer

para me receber
hoje não sei se era baixa
se trazia trança
se vendia na praça
não sei
do seu cheiro
da cor do pano
não sei
nada sei
senão que de mim cuidou
enquanto frágil
enquanto mona
passou entre as curtas unhas
fraldas que não me custavam sujar
assim vejo

brilhava os olhos redondos
me levava ao céu pelos ombros

hoje nem flor
pra mulher que esbanjou amor
que não precisou de coragem
mesmo não sendo linhagem

pelas músicas desafinadas que lhe agradou ouvir
pra mulher que me fez ser
nem só saber

PROFESSOR NSIMBA

falar desentoado
postura aturdida
nas mãos, livros que seriam escada
degraus pra qualquer um
que o segurasse nos ombros
que lhe prestasse atenção
trazia paixão que gerava paixão
era esmero
cada berro
cada comentário seco
no quadro, fracções que viríamos a usar
zangado pelas ruas do recreio
com trajes mais fluorescentes que luzes de Natal
sapatos que despertavam procrastinadores
não precisava maria-das-dores
aprendia quem sonho tinha
ainda que procurem em tudo quanto é canto
vasculhem por todos os lados
ninguém como ele
homem que fazia muito
que levantava as paredes do mundo
aluno por aluno
dentes imperfeitos
feição única num completo
trazia o que julgava precisar

nas vias finas dos seus neurónios
e era só despejar
era só semear
preparava a terra quem quisesse
era certo que o trator viria a passar
nem ausência de combustível
nem velhice nas rodas
era o melhor

ESTIRÃO

muitos foram os ares odorados
pisos marcados
estradas limpas pelo corrido suor

Maianga, Bairro Azul, Samba
até ao escuro Morro da Luz
dura caminhada
mesmo sem cruz

muitas foram as galhofas
amigos e amigas
em passos assimétricos

agressores, cobradores
até amores pedestres
pela caminhada
acontecia a vida

muitas foram as celebrações
rejuvenescidos corações
de cuecas aos calções

histórias repartidas
acções que aduziram zangas
delongaram marchas

mal-entendido
orgulho
longa caminhada
sem mesmo adicionar avenida

muitas foram as dores
dias que nem mesmo flores
rijos calcantes
calos, hemicrania
reduzida alegria
lenta caminhada

muitos foram os poemas
pessoas que se fizeram à história
decoraram o nosso andar

pincho com jindungo, banana assada
o Cantinho da Ana
ainda na caminhada
momentos

muitas foram as despedidas
as kubatas mais próximas
"até amanhã" a gente dizia

finda caminhada
mais um dia

ANGOLA QUE SEI

pouco sei do Rocha Pinto
senão que me recebeu
da areia vermelha
das casas de chapa
entendo o que me dizem os retratos

Morro Bento II me viu crescer
tal como o colo daquela mulher
que puxava meus cabelos pela raíz
sem carapitos bem feitinhos
à vida não me deixava ir

passei meu tempo na Maianga
dor nas costas não faltava
me pesavam os livros
mas valeu a pena
hoje tenho bons amigos

Kuanza-Sul me viu por lá
por Benguela fui passar
Lubango foi minha parada
Angola que sei
áreas por onde passei

estou pra conhecer lugares

desvendar amores
ainda que longe da Torre Eiffel
vaguearei pelas noites frias do Huambo
até encontrar meu manto

Kalandula
nas correntes brancas de lá
chegarei a mergulhar
disso eu sei
da Angola com que sonhei

Angola conquistada
reis, rainhas
mulheres com suas curvas
do universo a cor

meu berço

Angola que sei tudo tem
cantor, actor, escritor,
cada dia mais um vem
povo energético esse o meu
bela vida Deus nos deu

A SAUDADE QUE QUERO ESCREVER

quero escrever o que sinto

: a tal saudade

desejo que não seja lamento

: é a minha vontade

quero falar da falta que me faz

do vazio que me traz

dessa distância que me abraça

o medo que me cerca

sobre isso quero escrever

sobre a minha casa pequena

que sempre me serviu de conforto

sobre as árvores no quintal

dizer que ainda me lembro das chuvas

a forma como traziam as frutas

lembro-me também dos vizinhos

dos que faziam confusão

dos que falsificavam emoção

sinto falta dos que já me eram família

dos encontros que organizávamos

lembro-me dos amigos de verdade

até dos que se davam em partes

sobre isso anseio escrever

sobre coisas que vi nascer

quero escrever sobre os becos da cidade

as lamas em que me banhei

almejo relembrar as lágrimas que deitei

> quando ao descer a avenida
> lamentava do amor outra partida

quero falar da vida

> da que vivi naquela era

relembrar a pessoa que fui

descansar o porvir

recapitular o que vivi

das cenas que testemunhei

sinto falta das estradas esburacadas

> das viagens que levavam uma década

sinto falta de muito

e sobre tudo

> me alegraria enunciar
> não fosse tão duro evocar

PEDAÇOS

ainda embrulhado em seus ares
aroma refrescante do meu dejecto primeiro
nas altas paredes
restos dos berros madrugadores
chorar fininho

pedaços de menino

nas areias grossas de muitas paragens
encalços meus
marcas dos dias em que me levei
lugares por onde passei
dimensões que foram meu mundo

pedaços de mocinho

três carteiras sabem da minha bunda
na sobra dos dias de ontem
devaneios com que me vesti
ainda no desnortear dos corpos vivos
homens que me foram amigos

pedaços de adulto

nas chuvas do cacimbo
lágrimas por um motivo
no cantar do galo pela matina
meu berro pelo maltratar da sina
pelo chegar rabugento de mais um dia

pedaços de vida

NO FUNDO SÃO SAUDADES

poucas pontes
lixo a beirar contentores
dor dos pobres
Luanda,
manházinha agitada
rua completamente alagada
lamento
    o lodo que pisava
    a calça que levantava
fazem falta as crianças descalças
        em pneus sobre as águas paradas
    os ébrios bagageiros
    a agitação
    a comunháo
faz falta a constante acção
coisa que regozijava o coração
era feliz e sabia
sinto falta do ar empoeirado
    das ruas sem pinheiro
falta das pessoas que andavam a pé
    da música que podia tocar
        podia dançar
falta dessa alegria
aperta a agonia
    são saudades

ANGOLANIDADE

das mocinhas às senhoras
adornadas com bessanganas
do Benfica ao Kicolo
indícios de um tempo nada frio
nas poeiras da terra genitora
pernas duras de miúdos com longa vida
atrás de bola de trapos
futebol no bem aproveitar dos seus tempos
pelo Norte pratos de fúmbua
mais a Sul copos de kissangua
do bom funji da tia Angelina
aos mufetes na Chicala
das areias densas dos arredores
aos asfaltos de calçadas com flores
de sábios e outros valores
bom angolano, Semba e grandes amores
do Mussulo à Ilha de Luanda
estradas que vão à Praia Morena
caminhos que aproximam culturas
Serra da Leba
mulheres como ela
bela és de canto a canto
       Angola que amo
       Angola que entoo
dos mitos do pequeno Bengo

ao som dos meninos do Huambo
tempos de terra única

Angola,
    família que não escolhi
    amor que jamais esqueci

NHENDA

kiosso qui nguifua nainhi wanda nguidila?

ngaxissa tata iami
mama iami
ngaxissa ixi ietu
eme nguedele ubeca

ngangituna mulele uami
kingamunuami dingui
nguajica messu mami
eme nguedele ubeca

ngaxissa dilonga diami diazele
mbiji iami ionene
jipange jiami
eme nguedele ubeca

ngaxissa imbamba iami
ngaxissa kilombo kiami
muxima uami
eme ngueza ubeca

kiosso qui nguifua
eme nguenza ubeca
ngaxissa ixi iami

nainhi wanda nguidila
... ai we cocolodiame

POSFÁCIO

Mário Henriques

Os títulos devem ser o convite à leitura de uma obra, a par da capa. Estes dois elementos, para nós, foram bem explorados ou aproveitados pela Cláudia Cassoma, pois convidam a folhar as páginas da sua obra e suscitam interesse e curiosidade.

"Pretérito Perfeito", o título da mais recente obra literária – poesia – da escritora, provoca questionamentos, pois, objectivamente falando, remete-nos a tempo verbal, passado concluído. E a pergunta que sempre surge ou que deve surgir depois de lermos um título, seja ele convidativo ou não, é porquê? Porquê deste título?

Numa primeira instância, pensámos em acontecimentos passados e estes, em narrativa. Mas, sendo poesia, fez-nos aumentar a curiosidade.

Acontecimentos passados referem-se-nos apenas ao nome "pretérito". Já "perfeito" convida-nos a imaginar em acontecimentos passados que tenham sido concluídos. Porém, esta leitura seria a óbvia, consequente do significado denotativo do sintagma "Pretérito Perfeito" como tempo verbal. Mas, folhando a obra, esticámos o significado de "perfeito" para «agradável, inesquecível, feliz», embora isto remeta-nos a «saudade» e «nostalgia», também. Esta é a leitura possível do título.

Indo mais a fundo, percorrendo as várias linhas do livro, a fim de analisarmos e compararmos – não que isto seja obrigatório – a leitura do título com a dos textos, que, quanto à estrutura técnico-formal, são todos apresentados em versos, verificámos, sim, uma assimetria entre os mesmos: Angola... / onde vagueei minha inteira mocidade / Luanda foi mais minha cidade / fiz amigos / conheci caminhos. Estes são versos da segunda estrofe do texto que abre o livro – Angola doutro tempo, p. 29 – no qual podemos comprovar a intenção do eu-poético em rebuscar o seu passado, por saudade. E se há saudade pelo passado, este foi de felicidade, visto que seja suposto que só se tenha saudade de algo que nos tenha marcado positivamente: Gelado de Múkua / dos lábios pequenos dos miúdos / às mãos dos altos moços /não aqui /onde desconhecem molhos / onde barato é pra tolos / preparado em gelar / fácil de incestar /na mesa até de quem champanhe pode tomar / apenas múkua.

O sujeito poético ora era só mais um ser à flor da idade que transbordava de si os seus sentimentos de saudade por uma Angola, que, embora sob dificuldades consequentes da sua história passada recente, carregava alegria nas brincadeiras de infância: com as pontas amarradas / árvores, cadeiras, portas, janelas /mete-e-tira / dos pés da menina / ao pescoço dela /mete-e-tira ... quem ficou conta / "já?"/ escondida-bica bidon-salva a ova / abre os olhos vai procurar / "cá vou eu!"/ escondida-bica bidon-salva a ova (Aos pulos, p. 51); ora era alguém distante de sua terra (Angola), razão pela qual declarava uma certa nostalgia pelo costume e hábitos que não podia (ou pode) viver nesta terra distante. Em "Gelado de Múkua", este(a) descreve a realidade sócio-cultural deste gelado, na mesma altura em que a compara com a realidade nas terras em que ele(a) se encontra, expressando aí a sua saudade. E pudemos verificar esta leitura em vários outros textos como "Machimbombo" e "Em rodas de Kizomba", só para citar alguns. Ou seja, nestes, também, compara, sempre por saudosismo e nostalgia, a realidade que viveu e deixou por aqui com aquela que o abraça e faz o seu presente. Isto leva-nos a supor que esta toda saudade não seja apenas por um passado ou provocado por este, mas, também pela distância que separa o eu-poético – que ora parece ser o mesmo em todos os textos, ora parece que haja sujeitos poéticos diferentes – de sua gente. Por isso, sentimo-nos obrigados a fazer uma analogia entre o sujeito poético ou todos os sujeitos poéticos e a escritora, que, vivendo no exterior do país, possa, com esta obra, estar a dar a conhecer tudo o que sente estando num país estrangeiro e distante da família e de toda uma realidade que lhe caracteriza culturalmente. Com o poema "Ango-américa: de lês a lês", cimentámos esta teoria, pois é na América (EUA) onde ela reside e estuda. Outro poema que, também, nos remeteu à mesma teoria é "Morro Bento II", pois é neste bairro onde vive a sua família e onde provavelmente tenha crescido: me conheceu quando andava de cuecas /quando em casa ainda eram velas.... Em suma, Cláudia Cassoma revisita várias realidades de Luanda, em particular e principalmente, e, no geral, de Angola, buscando lembranças suas ou não expressas por diferentes sujeitos poéticos ou apenas por um único para todos os textos. Só pelos títulos de alguns textos, embora isso não nos remeta necessariamente e sempre à essência do texto, pudemos verificar o que dissemos (Angolanidade; Professor Nsimba; Na era do pão burro; Tecto furado; Sarau no quintal; Puerícia; Por becos ignotos...).

Quanto ao discurso, é-nos necessário dizer que a escritora pareça ser uma continuidade da Geração da Mensagem cujo período de vida reside, todo ele, no século passado, surgindo no final da década de 1940 até muito antes da autora de "Pretérito Perfeito" ter nascido. Ou seja, base do discurso da obra em causa é narrativa. Mas é importante referir que, assim como nos escritores da Mensagem, este discurso não coloca em causa a sintaxe da poesia, visto que consegue, a autora, em quase todos os textos da obra, evitar algumas palavras que defendam a prosa – com a sua intenção e função explicativa, temporal, causal, etc. –, isto no princípio dos versos. Como exemplo, pode-se verificar em alguns versos do poema "Em rodas de Kizomba":

"*aqui também há corpos leves*

corpos magros e grandes
corpos que aceitam ser levados
pernas entregues ao rítmo
à dança" (p. 40),

embora a estes mesmos lexemas, que a escritora evita e bem no início dos versos, se façam presente no interior dos versos (em alguns de vários poemas), defendendo a narratividade dos poemas da sua obra. Por outro lado, essa sintaxe é assegurada, também, pela autonomia sintática dos versos (em alguns poemas), de tal modo que funcionam semântica e sintacticamente como frases simples (Sarau no quintal, p. 70; Tanque de cimento):

> [...] *não preciso maltratar meus dedos*
> *sobre as grossas rugas do tanque de cimento não é*
> *necessário vergar meu tronco*
> *hoje calções já não ponho no chão*
> *não piso, não salto sobre eles*
> *sobre as vestes dos dias difíceis*
> *linho, branco; sem razões pra marinar*
> *o girar se faz lento pra não machucar*
> *actualmente é assim* [...] (p. 48).

Em alguns casos, versos há que são parte sintáctica (sujeito, complemento oblíquo, etc.) de um verso posterior ou anterior. O mesmo se pode verificar no excerto acima.

Ainda que esteja confirmada a narratividade como base do discurso dos poemas desta obra literária, encontrámos poemas em que a estética, com maior evidência do sentido conotativo e subjectivo, está bem explorada – não que não esteja em toda obra (Retratos, p. 64): [...] nem só um retrato /que fale de mim / que perpetue meus dias / que me/ abstenha de acabar assim / estranho as curvas que me definem / nada sei da moldura do esqueleto desta vida / estão ausentes as impressões / imagens que justifiquem o presente / um ontem pra cada parte do agora / fotografias / pedaços de história / amostras / retratos reflexo.

A escritora, por meio desta obra (ainda fazendo referência à aproximação da sua poesia com a da Geração da Mensagem), cumpre, em parte, um dos objectivos – que esta Geração se submeteu a alcançar – que, a partir de concursos literários, visava incentivar a produção de obras que veiculassem o modo de vida da comunidade angolana. E como se pôde verificar no início da nossa abordagem, o "Pretérito Perfeito" é um diário do modus vivendi dos angolanos, embora muito deste modo de vida tenha ficado no passado, daí o saudosismo de que já falámos acima.

Por fim, esta é a leitura possível, para uma primeira abordagem, e por não ser possível concluir todas que esta obra encerra. Aos demais leitores, fica a responsabilidade de outras leituras.

Luanda, 06 de Outubro de 2017

REFERÊNCIA BIBLIOGRÁFICA

SECA, H. (2015). Abordagem da Figura do Monangamba por três da Geração da Mensagem. (1.o ed.). Luanda. Mayamba editora.

---

1 Cf. HAMILTON (1981) como referido em SECA (2015, P. 27)
2 Cf. LARANJEIRA (1995, P. 73) como referido em SECA (2015, P.28)

BIOGRAFIA

Em 1993, sob o célebre calor luandense que avivava o meio-dia, nos braços duma mulher que também tratei por avó, ecoaram os meus primeiros berros. Ainda sem sonhos, talvez. Exclusivamente detenta num apego excessivo aos próprios interesses. Passados nove cacimbos, ao iniciarem as chuvas, aqueles rugidos elevados e ásperos aclamaram a artista inerente à mim. Desde então, as primaveras têm servido para conhecer o muito que posso e desejo ser.

Por me ver na complexidade e multitude de artista, me abstenho de definições restritivas. Hoje, também sou académica de Pedagogia com Ênfase em Educação Especial. Sobrenado mares revoltos, porém, compensadores, com braços fortes e aspirações já firmes. Depois de muito tempo experimentando vários géneros, em 2013, estreei-me no insólito universo literário publicando o poemário "Amores que nunca vivi" sob chancela da editora norte-americana Trafford Publishing. Actualmente sou autora de cinco obras literárias publicadas.

Fora o número de publicações supracitado tenho, no meu repertório literário, obras publicadas em periódicos internacionais, como: The Red Jacket (E.U.A., 2014), The

Sligo Jornal (E.U.A., 2015), Antologia dos Melhores "Novos" Poetas Africanos (Camarões, 2015-16), Antologia de Textos Premiados da AVL (Brasil, 2016), The Wagon Magazine (Índia, 2017), Teixeira de Pascoaes Vol.III — Pensamento e Missão (Portugal, 2017), Antologia do Concurso Literário de Itaporanga (Brasil, 2017), Maryland's Best Emerging Poets (E.U.A, 2018), CIVICUS' State of Civil Society Report (África do Sul, 2018), Revista Empodere (Brasil, 2018), Revista Philos (Brasil, 2018) e Antologia de Poesia Portuguesa Contemporânea "Entre o Sono e o Sonho" (Portugal, 2018).

Pelo roteiro de vida que, com erros, eversões e esforço, venho construindo, tenho sinais do meu potencial e ganhos pela minha devoção. Em 2016, do Brasil, o Prémio Maria José Maldonado de Literatura, foi o primeiro que recebi. No ano seguinte, Portugal e Brasil voltaram a condecorar-me com o prémio de participação no Concurso Artístico Teixeira de Pascoaes e o de participação no 6o Concurso Literário de Itaporanga, respectivamente. Em 2018 foi a Menção Honrosa no 2o Concurso de Haicai de Toledo - Kenzo Takemori. Ainda considerando a complexidade e a multitude do ser em mim, tenho vivido outras vidas que também me proporcionam razões para celebrar. Na primavera de 2017, Fui nomeada para o Prémio Líder Emergente do

Montgomery College. E, desta mesma instituição, conquistei medalhas e certificados na área de acção social. Desde que me conheço como peça necessária do quebra-cabeça social, poucas coisas são tão importantes quanto a realização efectiva da minha responsabilidade para com a sociedade. Essa compreensão também me tem rendido condecorações como dois Certificados de Cidadão Diplomata outorgados pela Universidade do Distrito de Columbia em Washington D.C. Fui igualmente convidada para dissertar em conferências internacionais como a de Educação para a Cidadania Global na Bélgica e a da Embaixada do Brasil em Washington, D.C. sobre as "Vozes femininas na literatura de língua portuguesa". Também tive a honra de escrever o poema "Éden" que se tornou a música "Rishikesh" do álbum "antes da monção", o segundo do grupo musical português, SENZA.

Na tentativa de honrar todo esse reconhecimento e dar vida à uma das minhas maiores paixões, fundei a SmallPrints, uma organização sem fins lucrativos com intenção de participar activamente na formação de uma sociedade justa e responsável pelo êxito de toda criança.

Uma das coisas de que mais me orgulho é o lindo continente que, felizmente, trato por coração, África. Conduzida pelo que almejo um dia fazer por ele, no início de 2018, participei de uma formação profissional de historiadores adquirindo certificação e habilidades para praticar, com eficiência, a história oral. A formação foi oferecida pela D.C. Oral History Collaborative, com a colaboração da Humanities D.C. e da D.C. Public Libraries.

Todos os dias, a menina que berrava sonhos nenhuns e vivia num apego excessivo aos próprios interesses, vai conhecendo sua completude. Auspiciosa, ela segue caminhos que vão desde a arte da representação gráfica da linguagem aos que aproximam o mundo à uma metamorfose.

REPERTÓRIO LITERÁRIO

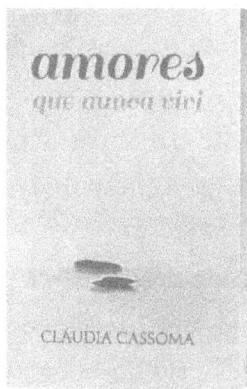

LIVROS DA CLÁUDIA CASSOMA

Preta de Vermelho Exuberante
2020 Não Tá Bom
Uma Noite pra Esquecer
Um Beijo em Curitiba
Fim
Fórmulas Poemáticas
Ahetu: Feridas do Género
Silhuetas Poéticas
Piolhos
A Volta do Papai Noel
Amotinação
Cantares de Kalei
The Man i Love Killed Me
Amor, Sonetos?!
Not For Flowers
Rogos ao Ímpeto
Ahetu: Vozes Desprendidas
Cânticos de Apego
Pretérito Perfeito
Amores que nunca vivi

REVISTO: 1 DE JANEIRO DE 2022

RESPONSABILIDADE SOCIAL

#FaçaOBemLendoMais
#CCFBLM

O objectivo do projecto **FAÇA O BEM LENDO MAIS** é incentivar a leitura promovendo e apoiando práticas de interesse social e comunitário. Como parte desse processo, uma percentagem do rendimento dos meus livros publicados é dedicada a causas sem fins lucrativos que beneficiam a comunidade.

Este Livro

Proporção: 20%

Recipiente: Projecto Divulo (SmallPrints)

+Info: www.claudiacassoma.com/responsabilidadesocial

CONJUGANTES

www.cláudiacassoma.com